AF356896

# LES

# EAUX DE TOULOUSE

---

## MÉMOIRE

ADRESSÉ

A M. le Maire de Toulouse et à MM. les Membres
du Conseil municipal,

PAR

### VICTOR CASSAIGNES

INGÉNIEUR CIVIL

---

## TOULOUSE

CHEZ TOUS LES LIBRAIRES

—

1872

# LES EAUX DE TOULOUSE

Il y a trois mois que je suis à Toulouse pour y étudier la grave question des eaux.

Après les études les plus minutieuses faites dans les deux galeries filtrantes, et continuées avec un soin égal au sujet des terrains et des eaux des environs, jusqu'à 10 kilomètres en amont de Toulouse, convaincu que j'avais à offrir à cette ville la solution la plus satisfaisante et la plus complète, j'ai soumis mes opinions à des hommes compétents; et, encouragé par eux, j'ai demandé à les exposer ensuite à la Commission des eaux.

La Commission des eaux, sur la bienveillante recommandation de M. Henri Ebelot, maire de Toulouse, m'a fait l'honneur de m'appeler dans sa réunion du 21 mars 1872 et dans celle du 25 avril suivant.

Je vais sommairement exposer ce que j'ai dit dans ces deux séances, de manière à éviter d'inutiles discussions; mais me réservant de donner de plus amples développements, si les circonstances le comportent.

## Séance du 21 mars 1872.

## I

L'eau des galeries filtrantes de Toulouse était bonne, lorsque, il y a quelques mois, à la suite d'un concours de circonstances diverses, dont je parlerai tout à l'heure, cette eau est subitement devenue mauvaise et a beaucoup diminué.

On considère, en général, ces galeries comme définitivement perdues, et on voudrait les abandonner pour en construire de nouvelles.

Divers projets sont soumis pour résoudre la question. Je les résume en quelques mots :

Une galerie établie transversalement dans la plaine de la Fourguette ou d'Empalot donnerait très peu d'eau et causerait de grands dommages.

En allant chercher l'eau du côté de Portet, à 10 kilomètres de Toulouse, on aurait l'avantage de la conduire directement au nouveau Château-d'Eau; mais il y aurait, **tout compté**, d'énormes dépenses à faire et beaucoup de temps à perdre.

En prenant l'eau au *ramier* du moulin du Château pour l'amener seulement au vieux Château-d'Eau, on aurait encore, **au total**, beaucoup trop d'argent à dépenser, ou de trop grandes difficultés à vaincre.

Au lieu d'abandonner les galeries filtrantes qui, anciennes ou nouvelles, ont donné pendant cinquante ans à Toulouse les meilleurs résultats, considérant qu'on peut aisément obvier aux inconvénients survenus à ces galeries, et leur faire produire de l'eau très bonne et en beaucoup plus grande quantité, je propose d'améliorer, **de compléter ce que l'on a**, et d'économiser à la fois le temps et l'argent; le temps surtout, car l'eau est malsaine, les chaleurs approchent, la situation est intolérable.

Avant d'indiquer les moyens, voyons d'abord l'ensemble de la question.

## II

Les galeries filtrantes de Toulouse se composent d'une grande galerie de 600 mètres de longueur, située dans la *prairie des Filtres;* d'une galerie, établie sur le même plan, de 120 mètres de longueur, creusée dans l'îlot ou ramier Vivent ; et d'une conduite de jonction en fonte de fer de 60 mètres de longueur, passant sous le canal de fuite du moulin Vivent, et reliant les deux galeries.

Au commencement de septembre 1871, la galerie Vivent était achevée depuis un an et la grande galerie depuis six ans. L'eau était bonne dans les deux galeries ; il n'y avait point de végétations ni de produits organisés d'aucune sorte.

On dériva le canal de fuite du moulin Vivent, afin de pouvoir mettre en communication les deux galeries. Une crue survint tandis que la galerie Vivent était encore ouverte. L'eau trouble envahit ainsi les deux galeries et les colmata. Les limons furent ensuite enlevés le mieux possible, et on ferma la galerie Vivent.

Pendant que ce travail s'accomplissait, un banc de vase se forma au bord de la prairie des Filtres. La dérivation du canal Vivent en amont fut de nature à faciliter ces dépôts.

Les galeries ont ensuite donné de l'eau de plus en plus mauvaise, et leur rendement total, qui était de 4 à 500 pouces d'eau, est descendu à 260 pouces (1).

Ces galeries sont mal situées. Elles se trouvent entre deux barrages de la rivière, lesquels rendent à cet endroit le courant peu rapide ; la configuration du banc où elles sont creusées facilite le colmatage du lit de la rivière, en rejetant le courant sur la rive opposée.

L'eau du canal Vivent, arrivant normalement à la Garonne, contribue encore à renvoyer le courant principal vers la rive droite, et à atterrir la rive opposée où sont les galeries.

Le radier de la grande galerie est transversalement coupé, de 2 mètres en 2 mètres, par des chaînes de briques de 28 centimètres de hauteur, destinées à maintenir l'écartement des pieds-droits ; et les intervalles laissés entre ces chaînes de briques sont emplis de galets. Entre ces galets, et **sur toute l'épais-**

---

(1) Le pouce fontainier est compté pour 20 mètres cubes ou 20,000 litres d'eau en 24 heures.

**seur** de leur couche, les détritus divers croupissent et se décomposent ; le courant supérieur de l'eau en est ralenti ; bref, cette couche encombrante de la grande galerie est devenue un foyer d'infection.

La petite galerie ou galerie Vivent n'est, de son côté, qu'une sorte de **mare souterraine**. Sa cuvette présente de grandes et anormales dépressions, et la conduite qui la relie à la grande galerie prend l'eau à la surface, à la manière d'un trop-plein. Il suit de là que la majeure partie de l'eau de la galerie Vivent est **à peu près** stagnante : les dépôts légers qui recouvrent sa cuvette en sont la preuve.

La galérie Vivent donnant une eau contaminée, on a soutenu que les infiltrations qui l'alimentaient étaient mauvaises.

On a pris en cela l'effet pour la cause.

La cause permanente du mal gît dans les dispositions vicieuses de la galerie : l'eau qui arrive est bonne, la galerie la gâte.

La galerie Vivent a été récemment construite. Les parois latérales de sa cuvette sont formées de béton dont le mortier encore frais a saturé de sels calcaires l'eau quasi-dormante de la galerie. A mesure que le mortier a durci, la proportion de matières minérales dissoutes dans l'eau a considérablement diminué ; elle diminue encore ; et bientôt cette eau ne sera pas plus calcaire que ne l'est l'eau de la rivière. Les analyses successives qui ont été faites le constatent.

Voilà pour les sels calcaires. Passons aux matières organiques.

Je n'ai point à me préoccuper ici si les eaux bourbeuses qui firent irruption, il y a quelques mois, dans les deux galeries, y ont apporté ou non, avec leurs limons, les germes des productions organisées qui les infectent. On conviendra, en tous cas, que l'eau de la galerie Vivent, étant à peu près dormante, a offert au développement et à la propagation de ces germes de favorables conditions. Nous n'avons d'ailleurs ici qu'à considérer les faits :

Des matières organisées, à filaments extrêmement déliés et de couleur fauve, se produisent abondamment contre les parois de la cuvette de la galerie Vivent, et principalement dans les dépressions où l'eau est le plus dormante.

M. Clos, professeur de botanique à la Faculté des sciences de Toulouse, a eu la bonté d'examiner avec moi ces productions organisées.

Je crois que ce sont là des oscillaires, êtres étranges qui tiennent le milieu entre le règne végétal et le règne animal, et qui sont peut-être encore plus rapprochés des annélides que des conferves.

Désignons ces productions sous le nom plus vulgaire d'*algues*, le nom important peu à la chose.

Lorsque ces algues se détachent des parois de la galerie Vivent, elles entrent dans la conduite de jonction, et arrivent à la grande galerie où elles sont partiellement retenues.

A partir de la conduite de jonction jusqu'à l'extrémité aval de la grande galerie, la cuvette de celle-ci contient, dans toute sa partie immergée, une telle quantité de ces algues, qu'on dirait ses parois recouvertes d'une **épaisse toison**; tandis que — fait remarquable — dans les 40 mètres de la grande galerie qui se prolongent encore en amont de la bouche de la conduite, partie plus élevée et où les eaux de la galerie Vivent ne passent pas, on ne trouve **plus un seul atome** de ces matières : preuve évidente qu'elles viennent toutes de la galerie Vivent.

Je ferai observer maintenant que ces mêmes productions, qui se présentent dans la galerie Vivent sous l'aspect de flocons légers, fauves et inodores, sont dans la grande galerie plus denses, plus compactes, d'une couleur grisâtre mêlée de noir, et d'une odeur ammoniacale prononcée. Ces matières, enfin, sont dépourvues d'infusoires dans la galerie Vivent; elles sont peuplées d'animalcules dans la grande galerie.

Ces faits s'expliquent :

Dans l'eau presque dormante de la galerie Vivent, ces algues sont vivantes; et dans l'eau plus courante de la grande galerie, elles sont généralement mortes.

En outre, la couche de galets et de briques qui recouvre le

fond de la grande galerie est imprégnée, dans toute son épaisseur, d'une matière noire, visqueuse, provenant des mêmes algues arrivées à un degré de décomposition plus avancé.

Au résumé, l'eau d'infiltration qui alimente les deux galeries est très bonne et de nature presqu'exclusivement fluviale ; d'où il résulte qu'en remédiant aux défectuosités de nos galeries filtrantes, et surtout en y faisant les additions que je proposerai tout à l'heure, nous boirons à Toulouse une eau d'excellente qualité, et qui sera beaucoup plus abondante que la mauvaise eau que nous avons.

Nous devons, avant tout, améliorer les galeries filtrantes actuelles, de manière à rendre à peu de frais, et dans le plus bref délai possible, leur eau très bonne et plus abondante.

Nous devons, en second lieu, nous procurer, par des moyens économiques et prompts, une quantité beaucoup plus grande d'eau également belle et bonne.

Après cet exposé général de la question, il me reste à soumettre, pour la résoudre, les moyens que je crois être les meilleurs, en me plaçant, sans idées préconçues, au point de vue supérieur des intérêts publics.


# III


En interrompant momentanément toute communication entre la galerie Vivent et la grande galerie, et en nettoyant bien celle-ci, on améliorerait l'eau immédiatement, et à peu près sans frais. Ce moyen cependant donnerait un résultat incomplet encore, et il nous priverait d'ailleurs de l'eau de la galerie Vivent.

Il importe d'enlever complétement les briques et les galets qui encombrent et infectent la grande galerie.

On pourrait, en même temps, régulariser le radier, et en augmenter la pente, en le creusant un peu plus vers l'aval.

Dès lors, toute cause d'insalubrité aurait disparu dans la grande galerie ; l'eau y serait excellente, et les infiltrations s'y produisant à travers des graviers plus purs et sous une pression plus grande, augmenteraient.

En disposant tout préalablement comme il convient, cette première partie du travail ne nécessiterait qu'un très court chômage du vieux Château-d'Eau. Dans cet intervalle, on distribuerait de l'eau de la rivière, si elle était limpide, ou bien l'eau emmagasinée dans le réservoir de Guilleméry (1).

En second lieu, on améliorerait de même la galerie Vivent. On la nettoierait parfaitement et on régulariserait son radier, tout en lui donnant une plus grande pente.

Il suffirait de procurer ensuite à l'eau de la galerie Vivent un écoulement facile et complet, pour avoir là une eau très bonne et plus abondante qu'elle ne l'est en ce moment.

L'abaissement de 30 centimètres du radier de la grande galerie rendrait toutes ces améliorations faciles.

En troisième lieu, au lieu d'employer encore pour joindre les deux galeries une conduite en fonte de fer qui, dans tout son trajet au milieu de la nappe limpide souterraine, ne recueillerait pas une goutte d'eau, je propose de remplacer tout ou partie de cette conduite imperméable par de petites galeries filtrantes ou drains filtrants, ce qui nous fournirait de nouvelles et importantes infiltrations.

Ces simples améliorations à faire subir aux galeries filtrantes pourraient être réalisées en moins de deux mois. Elles suffiraient pour remplacer par 4 à 500 pouces d'eau excellente les 260 pouces de mauvaise eau que les deux galeries réunies peuvent fournir en ce moment.

On compléterait ces améliorations en déviant vers l'aval l'embouchure du canal Vivent. Le courant de ce canal, ainsi dirigé contre la berge de la prairie des Filtres, combattrait, dans certaines limites, les atterrissements qui s'y produisent.

---

(1) Le réservoir de Guilleméry n'a pas besoin d'être voûté pour être apte à recevoir momentanément de l'eau. Il suffit pour cela de le revêtir d'une nouvelle couche de ciment, celle qu'il a déjà reçue étant trop mince.

Pour empêcher **complétement** la formation de ces dépôts, ou pour en annihiler les effets, il y aurait d'autres dispositions à prendre. Je les exposerai ultérieurement, si cela devient utile.

L'eau de l'ancienne galerie d'Aubuisson était très bonne. On vantait et on vante encore ses mérites. L'eau des galeries actuelles sera **meilleure** encore.

En effet, les galeries filtrantes actuelles auront, comme la galerie d'Aubuisson, une pente suffisante, et elles sont de même creusées dans les graviers (1). Elles auront, en outre, l'avantage d'être beaucoup plus profondes, plus rapprochées de la rivière, et de recevoir, en plus grande proportion, des infiltrations de la rivière, lesquelles, nous le savons, sont les meilleures.

Si, enfin, la ville de Toulouse voulait avoir 1,000 pouces d'eau au lieu de 4 à 500, voici ce que je conseillerais :

# IV

Afin d'augmenter considérablement et à peu de frais la quantité d'eau naturellement filtrée, on peut la recueillir au-dessous même du lit d'une ou plusieurs dérivations de la rivière, au lieu de prendre cette eau claire latéralement à la rivière.

On a établi, depuis longues années, une galerie filtrante transversale sous le lit de la Scrivia pour alimenter en eau pure la ville de Gênes. Une grande partie du lit de la Scrivia est généralement asséché, et il n'y a que la portion de la galerie placée directement au-dessous de l'eau de la rivière qui reçoive beaucoup d'infiltrations. Jamais, à débit égal de la rivière,

(1) Le radier de la grande galerie a atteint un banc argileux, sur une longueur de 60 mètres seulement, c'est-à-dire sur un dixième de la longueur totale de la galerie. Ces 60 mètres de radier, qui auraient pu, sans inconvénients, rester dénudés, ont été soigneusement revêtus.

le rendement de la galerie n'a diminué, jamais les infiltrations n'ont cessé d'y être limpides.

Puisqu'il est constaté que les galeries sous-fluviales donnent le maximum d'infiltrations, au lieu de placer les galeries transversalement au-dessous du lit des rivières, comme on l'a déjà fait, j'ai eu la pensée de les établir longitudinalement, sous la partie du lit que le courant suit constamment ; ou bien encore, de les construire sous le lit d'une dérivation opérée à cet effet, ce qui serait généralement préférable.

La longueur d'une galerie sous-fluviale transversale est nécessairement limitée à la largeur du cours d'eau qui passe en travers au-dessus d'elle, tandis que mes galeries longitudinales peuvent être prolongées *sous-fluvialement* **autant** qu'on veut.

Enfin, j'ai songé à remplacer la grande galerie simple par plusieurs petites galeries ou drains filtrants, occupant, sous le lit de la rivière ou de sa dérivation, la plus grande largeur possible, et recueillant ainsi une plus grande quantité d'eau naturellement filtrée.

Ces drains étant peu élevés permettraient de remplacer une hauteur superflue de voûte par une épaisseur utile de graviers (1).

Tels sont les systèmes que j'ai déjà fait connaître depuis plusieurs années sous le nom de *galeries filtrantes longitudinales sous-fluviales*, ou de *rivières-filtrantes artificielles*, selon qu'ils s'appliquent aux rivières ou à leurs dérivations. Ils font partie des nombreux moyens que j'ai fait breveter, et que je préconise lorsqu'il faut produire économiquement, dans un petit espace, une grande quantité d'eau claire.

Désignons ces deux systèmes sous le nom plus court de *rivières-filtrantes.*

J'appellerai donc *rivière-filtrante* un cours d'eau naturel ou dérivé, passant au-dessus de galeries ou drains filtrants longi-

---

(1) Dans certains cas, la série de drains dont je parle pourra être remplacée par un gros drain central, placé au milieu d'une large couche de galets.

tudinaux, et séparé de ces drains par une couche plus ou moins épaisse de graviers.

L'eau trouble du courant supérieur filtre à travers les graviers, et les limons, abandonnés à leur surface, sont emportés par le courant, lequel non-seulement lave, mais renouvelle encore constamment la surface filtrante, comme cela a lieu dans toutes les rivières à fond mobile.

Ainsi, au-dessous d'un grand courant d'eau trouble, nous aurions produit un courant relativement considérable d'eau excellente et parfaitement limpide.

Les rivières-filtrantes fonctionnent exactement pour la filtration comme les rivières ordinaires. Or, on sait que lorsque les rivières ordinaires sont convenablement disposées, leur lit **ne peut pas** s'obstruer, leur pouvoir filtrant ne peut **jamais** diminuer.

On pourrait convertir en rivière-filtrante le lit du canal de fuite du moulin Vivent, afin de profiter des avantages d'un lit creusé d'avance. On approfondirait ce lit de $1^m,50$ à $2$ mètres environ, et on le ferait aboutir au radier de la grande galerie filtrante, tout en lui conservant une pente suffisante. Ce lit nouveau serait pourvu d'une série de drains qu'on recouvrirait ensuite d'une épaisse couche de graviers; puis, enfin, sur ce lit de graviers, on laisserait reprendre à l'eau son cours habituel.

Les deux tiers supérieurs de la longueur du canal Vivent étant seuls employés à la filtration, on n'aurait aucun inconvénient à craindre, car il n'y a que la partie inférieure du canal qui soit susceptible de s'envaser.

En outre, si, au lieu de drainer uniquement une partie du canal de fuite du moulin Vivent, comme je l'ai d'abord conseillé, on creusait dans la prairie des Filtres, par exemple, une rivière-filtrante, on aurait là deux rendements distincts : celui d'abord des drains de ladite rivière-filtrante, et puis l'augmentation d'infiltrations produite dans les galeries actuelles, par le seul fait de la création d'un grand cours d'eau dans le même banc de graviers où les galeries sont établies.

Les rivières-filtrantes, qu'on pourrait construire dans le canal Vivent, le ramier Vivent, ou la prairie des Filtres, laisseraient sans doute à désirer, soit parce que le courant ne serait pas assez rapide, soit parce qu'il ne charrierait pas assez de sable ou de graviers; mais, néanmoins, on obtiendrait aisément et économiquement, par ce moyen, toute l'eau nécessaire, et cette eau serait des meilleures.

Pour satisfaire aux besoins actuels, je propose, au résumé, à la ville de Toulouse, deux opérations distinctes :

D'une part, améliorer les galeries filtrantes actuelles, de manière à substituer à la mauvaise eau que nous avons, une eau de très bonne qualité, tout en augmentant considérablement la quantité.

Et, d'autre part, obtenir, par un drainage sous-fluvial et sans s'éloigner de la prairie des Filtres ou du ramier Vivent, le supplément d'eau nécessaire pour former les mille pouces demandés.

Ces divers travaux pourraient s'accomplir séparément ou simultanément. Les premiers coûteraient environ 50,000 francs; les seconds, une somme à peu près égale. Deux mois, en tout, pourraient suffire; et, dans l'un comme dans l'autre cas, il n'en résulterait, dans le service de distribution des eaux, aucune interruption.

J'insiste pour qu'on commence par interrompre momentanément, mais immédiatement, toute communication entre la galerie Vivent et la grande galerie, et pour qu'on nettoie la grande galerie.

Cette proposition est adoptée.

Voici maintenant le résumé de ce que j'ai dit dans la seconde séance de la commission des eaux :

## Séance du 25 avril 1872.

## I

Aux causes principales de la corruption des eaux que j'ai indiquées à la dernière séance, il en est une sur laquelle je ne me suis pas arrêté, afin d'éviter des discussions, les opinions qui s'étaient manifestées dans la commission étant, à cet égard, opposées aux miennes. Je crois devoir aujourd'hui revenir sur ce point et y insister : je veux parler de la **stagnation de l'air**.

Tout le monde convient qu'une eau plus ou moins dormante s'altère. J'affirme, au surplus, que l'air qui **stagne au contact de cette eau** contribue aussi à l'altérer.

Nos galeries filtrantes sont privées d'air oxygéné; la galerie Vivent surtout, dont les regards sont recouverts d'une épaisse couche de terre, et qui ne communique qu'à une distance de 6 à 700 mètres avec l'air extérieur, et par un conduit étranglé encore. L'air n'y est pas respirable; les lumières s'y éteignent.

Les regards de la grande galerie sont moins bien fermés; ils ne sont pas recouverts de terre, et, de plus, cette galerie s'aère par son extrémité aval, où elle s'ouvre dans le vieux Château-d'Eau.

L'air est donc beaucoup plus confiné dans la galerie Vivent que dans la grande galerie, et c'est aussi de la galerie Vivent que proviennent les causes de l'infection des eaux.

On attribue à l'abondance de l'air la production des *algues*, et on a privé d'air les galeries. C'est, à mon sens, **le contraire** qu'il eût fallu faire.

L'air confiné **favorise** le développement des productions organisées dont nous souffrons. **Mieux on aèrera** les galeries, moins bien ces pernicieux produits pourront vivre, **meilleure** sera l'eau.

Rallions-nous à ces principes fondamentaux qui sont devenus des aphorismes en hygiène : *L'eau la plus courante et la mieux aérée est la meilleure.*

Mais, me dit-on, si l'air circule dans les galeries, les végétations augmenteront.

S'il s'en produit, elles seront peu abondantes et d'une autre nature. D'ailleurs, les végétaux ordinaires, à l'état vivant, assainissent l'eau en absorbant son acide carbonique et dégageant de l'oxygène.

Ici, nous avons une matière organisée, jaunàtre, tenant autant de l'animal que de la plante, et dont les détritus sont délétères. Les limons apportés dans les galeries par l'inondation ont pu contribuer à la produire ; mais **la stagnation presque complète de l'eau et la stagnation complète de l'air, dans la galerie Vivent, sont les principales causes de son prodigieux développement.**

A l'appui de cette affirmation, voici un fait que j'ai moi-même constaté et vérifié.

Deux puits ont été creusés à côté l'un de l'autre dans les graviers d'une île de la Garonne, non loin de Bordeaux. L'ouverture de l'un de ces puits fut fermée, l'autre resta ouverte.

L'eau du puits fermé a contracté un mauvais goût, tandis que l'eau du puits ouvert est restée bonne. On a ensuite ouvert le puits qui était fermé et l'eau s'y est promptement bonifiée.

Au lieu de puits où l'eau est à peu près dormante, nous aurons — si on m'écoute — des galeries où l'eau sera partout courante, et où le mouvement de l'eau et le renouvellement de l'air produiront de bien plus remarquables résultats.

Mais voici un autre fait qui peut, sur ce point, clore la discussion :

La galerie Vivent, après sa construction, est restée ouverte pendant plus d'une année. Dans cet intervalle, on y a pratiqué plusieurs épuisements à l'aide d'une machine à vapeur. Il n'y avait point d'*algues* alors ; et l'eau, malgré son état habituel de stagnation y était bonne. On a fermé ensuite cette galerie, et l'eau s'y est gâtée.

Après ces péremptoires constatations on peut conclure :

Rendez l'eau **courante**, **aérez** les galeries, et principalement la galerie Vivent ; nettoyez bien leurs parois, et ces produits dangereux ne reparaîtont plus.

## II

Depuis la dernière séance de la Commission des eaux, la première partie de mon projet, dont j'avais obtenu l'adoption, a été réalisée : on a coupé la communication entre l'eau de la galerie Vivent et l'eau de la grande galerie, en fermant le robinet-vanne de la conduite de jonction, et on a enlevé l'épaisse couche de matières putrescentes qui recouvrait la cuvette de la grande galerie, depuis l'ouverture de la conduite jusqu'au vieux Château-d'Eau.

Une remarquable amélioration dans la qualité de l'eau s'en est suivie ; chacun a pu en juger, car alors l'eau de la rivière était trouble, et on distribuait exclusivement de l'eau des galeries (1).

Maintenant que cette première amélioration a été réalisée, certaines personnes ne paraîtraient pas éloignées de vouloir s'en attribuer le mérite. — Il est des gens qui poussent très loin, à leur profit, cet art de l'assimilation. — Quand tout est trouvé, tout leur paraît facile ; ce qu'on leur apprend, ils l'avaient toujours su ; ils en trouveraient la preuve au besoin. Pour moi, qui ne veux que mes droits et qui crois défendre le bien public, je

---

(1) Depuis que l'eau des galeries est gâtée, l'Administration y mêle de l'eau puisée directement à la rivière, lorsque celle-ci n'est guère trouble ; et même, elle distribue exclusivement de l'eau de la rivière quand elle est claire. Elle a parfaitement raison d'agir ainsi : l'eau de la rivière, lorsqu'elle est limpide, étant excellente.

tâcherai, si on y fait de nouveaux empiétements, d'en démêler la cause ; et je l'exposerai aux yeux de tous.

Non-seulement on ne paraît pas tenir compte de mes services, mais on semblerait encore en critiquer le mobile. On me reprochait, par exemple, de travailler en vue de mes intérêts privés.

Si je fais en cela ce que fait le commun des hommes, on devra convenir aussi que je travaille pour les intérêts de tous, ce qui me place dans une honorable exception.

Ce n'est point l'orgueil qui m'inspire ces paroles. Je n'ai fait qu'étudier, observer les faits ; et le simple bon sens m'a suffi pour me permettre d'en déduire les moyens que j'ai eu l'honneur de soumettre.

Si la Commission des eaux, par exemple, n'a pas résolu la question, il faut en chercher la cause dans des conditions indépendantes des talents et du dévouement des hommes éminents qui la composent.

L'inspection attentive des galeries filtrantes a pu apprendre, en effet, aux membres de la Commission ce que j'y ai vu moi-même ; et je ne doute pas que si chacun d'eux avait été chargé à lui seul de remédier au mal, il n'eût pensé comme je l'ai fait. Mais la solidarité qui unit les membres d'une Commission les laissant se reposer mutuellement l'un sur l'autre, il en résulte souvent que chacun n'examine qu'un côté de la question, qu'aucun ne coordonne ni ne complète les idées émises ; et, par ce défaut d'ensemble entre les hommes les plus éclairés et les plus dévoués au bien public, les questions les plus élémentaires peuvent rester irrésolues.

Tel a été ici le cas.

Voici ce que j'ai appris, après avoir fait ma première communication à la Commission des eaux :

M. le docteur Joly, professeur à la Faculté des sciences de Toulouse, président de la Commission des eaux, a, le premier, attribué à la présence de végétations cryptogamiques dans les galeries la cause principale, sinon unique, de l'infection des eaux.

De son côté, M. Brunhes, professeur au Lycée de Toulouse, secrétaire de la Commission des eaux, a le premier observé que ces végétations provenaient toutes de la galerie Vivent.

MM. Joly, Rochefort, Roux et autres, ont constaté, avant mon arrivée dans cette ville, que la couche de galets qui recouvre le radier de la grande galerie était imprégnée de matières putrides et infectes.

Plusieurs autres membres de la Commission des eaux et du Conseil municipal ont dû faire, je suppose, des observations analogues.

Quelques-unes de ces idées avaient même été appliquées, mais séparément, et sans efficacité.

Ainsi, une première fois, on avait interrompu la communication entre les deux galeries, sans nettoyer la grande ; et, plus tard, on nettoya la grande, tout en y laissant couler l'eau de la petite. Dans le premier cas, on laissait subsister le mal, et dans le second, on n'en détruisait pas la cause.

Mais ce n'était là que des idées isolées, contradictoires quelquefois, qui n'étaient parvenues qu'à soulever des discussions sans issue. Voici le fait capital :

Quand je suis arrivé à Toulouse, il y a trois mois, tout était encore à faire. L'eau de la galerie Vivent coulait dans la grande galerie, et la cuvette de celle-ci était tapissée d'une épaisse couche d'*algues*, plus ou moins corrompues, que je ne pus mieux comparer qu'à une **toison**. L'eau était **infecte, imbuvable**.

Dès que la communication entre les deux galeries a été interceptée, et la grande galerie nettoyée, l'eau est devenue tolérable : **quarante-huit heures** ont suffi pour opérer cette heureuse métamorphose.

Et cependant ce travail a été imparfaitement fait.

Il serait bien inopportun, je le répète, de m'enorgueillir pour avoir conçu une aussi simple idée. Néanmoins, toute simple qu'elle est, son application devait avoir les plus importantes conséquences. Et si — ce que je ne suppose point — le Conseil municipal de la ville de Toulouse contestait, à cet égard, mon initiative, je n'aurais qu'à lui répondre : — Puisque vous connaissiez déjà le moyen d'assainir immédiatement les galeries, pourquoi ne l'avez-vous pas employé avant mon arrivée, alors que, depuis six mois, l'eau était corrompue?

Ce premier moyen, je l'ai imaginé, proposé, discuté ; et, mieux que cela, **je l'ai fait appliquer.**

Je laisse à chacun son mérite. Mais je travaille avec assez d'opiniâtreté, si ce n'est de succès, depuis que je suis à Toulouse, pour désirer aussi qu'on me laisse le mien, quelque petit qu'il soit ; et, puisque certaines invectives m'obligent à sortir de la réserve qui m'eût convenu, et que personne encore n'a songé à parler pour moi, je me crois autorisé à déclarer moi-même que l'amélioration des eaux dont la population toulousaine jouit en ce moment, c'est principalement à mon humble et dévoué concours **qu'elle le doit.**

Ne nous arrêtons pas au premier succès que j'ai obtenu. La qualité de l'eau à Toulouse est défectueuse encore. La quantité d'ailleurs est beaucoup trop faible. Elle était déjà insuffisante quand les deux galeries fonctionnaient ensemble ; et maintenant, le rendement a diminué d'un tiers, par la suppression du produit de la galerie Vivent. La grande galerie seule est en service ; et l'administration est placée entre ces deux alternatives : ou de distribuer trop peu d'eau, ou de mêler à l'eau de la galerie de l'eau de la rivière. Il nous faut donc à la fois améliorer l'eau que nous avons et en augmenter la quantité.

## III

Une nouvelle et très notable amélioration de l'eau de la grande galerie peut être obtenue en **deux jours seulement.** Il suffirait, pour cela, de l'aérer et de mieux nettoyer les parois de la conduite qui amène l'eau claire du vieux Château-d'Eau au nouveau.

Pour aérer la galerie, on n'aurait qu'à ouvrir les regards. Une petite margelle garantirait leur ouverture de tout danger d'inondation.

Au surplus, on pourrait constamment produire un **violent** et bienfaisant courant d'air dans la galerie. J'ai le moyen le plus avantageux, je crois, de réaliser ce grand progrès.

## IV

Ce n'est pas tout :

Il nous faut, ainsi que je l'ai déjà recommandé, il nous faut enlever la couche de galets et les chaînes de briques qui sont devenues sur la cuvette de la galerie un réceptacle de matières putrides.

Il le faut à divers points de vue :

Les galets enlevés, il nous restera un radier en graviers sablonneux que les sédiments ne pourront plus pénétrer. Ces sédiments s'arrêteront à la surface et le courant de l'eau les emportera.

Nous pourrons, par ce moyen, donner une plus grande pente aux galeries ou conduites de jonction ; de telle sorte que, depuis l'extrémité amont de la galerie Vivent jusqu'à l'extrémité aval de la grande galerie, l'eau puisse s'écouler **librement** et **promptement**.

L'enlèvement de ces galets et de ces briques augmentera le rendement par divers motifs :

D'abord, les graviers sablonneux qui forment naturellement le radier n'étant plus recouverts de sédiments filtreront mieux ;

L'abaissement du plan d'eau dans la galerie, augmentant la pression, produira des infiltrations plus actives ;

Enfin, ce même abaissement de niveau de l'eau de la galerie permettra de recevoir les infiltrations d'une zone de graviers inférieure à la partie qui a été colmatée lors de l'accident, ce qui constituera un double avantage.

En effet, les côtés extérieurs des galeries avaient été garnis à leur base d'une épaisse couche de galets pour faciliter le drainage. L'eau trouble, après avoir envahi l'intérieur des galeries, s'introduisant ensuite par les barbacanes, est allée envaser les galets de l'extérieur, tandis que les graviers sablonneux situés au-dessous de ces galets sont restés purs, conséquemment très perméables. Nous avons donc tout avantage à abaisser le niveau de l'eau dans la galerie, afin d'y donner accès à l'eau plus abondante et meilleure que ces graviers inférieurs sont susceptibles de fournir.

La grande galerie ne pouvant être complétement améliorée que par le déblaiement complet de son radier, j'ai demandé à la Commission de vouloir bien faire voter de suite 12,000 francs pour cet objet.

On m'a répondu que si je supprimais les chaînes de briques, les galeries s'écrouleraient ; que pour extraire les galets, il faudrait trop de temps ; que je n'aurais pas assez d'ouvriers ; et que, si j'en trouvais, l'espace manquerait pour les employer ; que les eaux des crues pourraient interrompre les travaux ou envahir les galeries pendant que les regards seraient ouverts ; qu'enfin, la galerie chômerait longtemps, et qu'on ne pouvait pas priver la ville d'eau, etc., etc.

Beaucoup de choses, en effet, manqueraient, surtout si la bonne volonté faisait défaut.

Ai-je besoin de dire comment je procèderais ? Les moyens abondent, et il n'y a d'inconvénients sérieux nulle part.

J'ouvrirais de nouveaux regards à côté de la galerie. On les surmonterait tous de margelles dépassant le niveau des plus hautes crues.

On placerait dans la galerie des étrésillons en fonte de fer ne s'élevant pas plus haut que la banquette.

Les étrésillons pourraient servir de support à des planches qui établiraient dans la galerie une circulation facile.

Quant aux hommes, on sait où les prendre. Il y a à Toulouse des milliers de soldats en garnison, dont la plupart sont des ouvriers. Nous avons un ennemi terrible à combattre : les maladies que la mauvaise qualité ou la pénurie de l'eau favorisent. En présence de ce danger, le brave général qui commande la division de Toulouse ne nous refuserait pas du secours, tandis que le préfet et le maire, animés d'un patriotique dévouement, nous rendraient tout facile.

Toutes les démonstrations ont été inutiles. On n'a pas accueilli ma demande, malgré l'appui que le président de la Commission, M. Joly, a cru devoir lui accorder.

Puisqu'on paraît déterminé à ne rien faire de plus, en vue d'assainir la grande galerie, ni pour améliorer la galerie Vivent — ce qui serait pourtant si facile ! — puisqu'on paraît également résolu à entreprendre ailleurs de longs et dispendieux travaux, je vais — ce que je n'aurais pas voulu faire encore — je vais montrer à ceux qu'une idée fixe et trop restreinte absorbe, qu'ils font **fausse route**. Et, pour cela, je n'ai qu'à mettre sous leurs yeux le tableau des grands changements qu'un avenir prochain nous réserve.

## V

De même qu'avec l'augmentation de la population et le progrès de l'hygiène publique et privée, le produit des galeries d'Aubuisson n'a bientôt plus suffi, de même les mille pouces d'eau demandés aujourd'hui ne répondront plus, à Toulouse, aux besoins divers de la génération qui nous suivra.

Ces mille pouces même seraient déjà insuffisants, si on considérait seulement les nécessités de l'industrie actuelle, dont on ne s'est pas assez préoccupé. Il faudrait, au moins, pour parer à tout, **cinq mille pouces d'eau claire**, au lieu de mille pouces, c'est-à-dire plus d'un mètre cube, ou plus de 1,000 litres d'eau claire par seconde, au lieu de 230 litres.

Que ferait-on alors avec ces 1,000 pouces d'eau tant souhaités et qui auraient tant coûté à acquérir ?

Sans doute, en allant chercher l'eau à Portet, on aurait l'avantage de la conduire directement au nouveau Château-d'Eau. L'ancien Château-d'Eau, ainsi rendu indépendant, pourrait, de son côté, avec ses deux machines, élever environ 170 pouces d'eau, après avoir été surélevé lui-même comme il convient. Mais le nouveau Château-d'Eau, toutes machines fonctionnant, n'est susceptible que d'en refouler convenablement 1,000 pouces. Nous n'aurions donc que 1170 pouces d'eau en tout, ce qui ne serait pas même le quart de la quantité voulue.

On dit que l'eau abonde dans les graviers de Portet, et qu'on expérimentera de même au ramier du moulin du Château.

Partout où on creusera dans les graviers de la Garonne, on trouvera de l'eau claire en abondance. Tout le monde le sait, et il n'y a pas lieu de perdre du temps à des essais dont les résultats sont connus d'avance, alors surtout que l'argent qu'on sacrifie là, sans utilité, pourrait être fructueusement consacré à Toulouse à régénérer nos galeries.

Dans ces essais, toutefois, on s'exposerait à de grands mécomptes si on prenait pour règle le premier produit obtenu. Il faut attendre avant cela que les graviers soient dégorgés sur un grand rayon. Et, pompât-on nuit et jour, **sans aucune interruption**, et, dans cet intervalle, le niveau de la rivière ne baissât-il point, on trouverait, après plusieurs semaines d'épuisements, que le produit des infiltrations diminue encore.

Lorsque 1,000 pouces d'eau auraient été obtenus, et qu'il en faudrait impérieusement 4,000 en plus, on pourrait, avec assez d'argent, j'en conviens, les trouver encore du côté de Portet, comme au ramier du moulin du Château; mais comment les élèverait-on à 30 ou 40 mètres de hauteur, c'est-à-dire au niveau nécessaire pour opérer à Toulouse une distribution convenable?

Il ne faudrait pas songer sur des agents mécaniques, toujours ruineux, et plus ou moins précaires d'ailleurs, pour élever à cette hauteur une aussi grande masse d'eau.

Ce n'est donc ni à Portet, ni au ramier du moulin du Château qu'il faut aller la prendre. Il n'y a qu'un moyen de résoudre cet important problème, qui embrasse à la fois le présent et l'avenir, et d'où doit découler la prospérité de cette ville. Ce moyen le voici :

Prendre **à une altitude suffisante** sur les bords de l'Ariége ou d'un autre affluent, non plus de l'eau trouble de la rivière, comme on le fait partout, mais bien de l'eau claire, naturellement filtrée, recueillie dans les graviers de la rivière. En prendre un mètre cube par seconde, plus s'il le faut, et de là, conduire cette belle eau, par une **pente naturelle**, sur les hauteurs qui avoisinent la ville de Toulouse.

A ces altitudes supérieures, les pentes des rivières sont plus considérables, les graviers plus purs, les infiltrations plus abondantes.

Au surplus, nous avons aujourd'hui les moyens de vaincre toutes les difficultés qui se présenteraient pour capter aisément une très grande quantité d'eau claire et pour la conduire à peu de frais.

La dépense qui eût été ruineuse, s'il ne se fût agi que de mille pouces d'eau, deviendra relativement faible pour cinq mille pouces, parce qu'elle n'est pas proportionnelle au volume d'eau à fournir, et que la vente de cette eau, à Toulouse, produira, en redevances, un **gros intérêt** de l'argent dépensé.

Cette grande entreprise constituera, en somme, un très avantageux placement. Ainsi la ville de Toulouse, tout en dépensant beaucoup, s'enrichira et répandra la fortune et le bien-être, comme il convient à une ville intelligente de le faire.

Une très grande économie sera réalisée encore, en alliant ce travail à une entreprise d'un autre ordre et également productive : on comprendra dans la même opération la conduite de plusieurs mètres cubes par seconde d'eau dérivée directement à la rivière, et apportant également, sur les hauteurs de Toulouse et de ses environs, des eaux d'irrigation et des forces motrices considérables.

Cette **double conduite** d'eau claire et d'eau trouble sera disposée de manière à pouvoir être un jour prolongée au-delà de

Toulouse. Plus l'échelle sur laquelle on procèdera sera grande, et plus l'économie relative augmentera.

Je ne m'étendrai pas davantage à cet égard. Ce tableau d'un avenir que je considère comme prochain, dira mieux que tous les discours la conduite à tenir.

Il nous faut, aujourd'hui, dépenser peu et arriver vite. Dépenser peu, car tout ce qu'on ferait en dehors du grand travail que je viens d'esquisser ne serait que **provisoire**. Les châteaux-d'eau ne fonctionneront plus à Toulouse dans quelques années, ou plutôt ils recevront une autre destination, ainsi que les galeries filtrantes qui les alimentent. Enfin, il faut aller vite, car la santé publique est en question ; et en présence des exigences que sa conservation comporte, toutes les hésitations doivent cesser.

Par ces diverses considérations, je crois que l'Administration doit renoncer aux dispendieux projets qu'elle nourrit, et à leurs lointains résultats, pour se borner d'abord à améliorer promptement les galeries filtrantes actuelles, et, s'il le faut, à les compléter à peu de frais.

Je suis persuadé que la ville de Toulouse adoptera la simple et rationnelle solution que je viens de lui soumettre.

Je me réjouis d'avance d'avoir pu contribuer par mes efforts à lui être utile, et à rétablir en bon état de fonctionnement des galeries filtrantes remarquables, susceptibles de nous rendre encore d'éminents services, et qui recevront toujours, quoi qu'il arrive, une destination utile.

Les Toulousains seront heureux comme moi de voir améliorer leurs galeries, œuvre commune, et beaucoup trop critiquée, de plusieurs habiles ingénieurs, et à laquelle, malgré les grandes modifications qu'elle a reçues, resteront toujours attachés deux noms illustres et aimés à Toulouse : d'Aubuisson et Abadie.

# RÉSUMÉ GÉNÉRAL

Afin de ne pas nous exposer à faire fausse route et à sacrifier inutilement au provisoire, nous avons à considérer l'avenir aussi bien que le présent.

Pour l'avenir, et un avenir qui me paraît très prochain, l'industrie se développant, l'hygiène progressant, il faudra à la ville de Toulouse au moins cinq mille pouces d'eau claire, soit plus d'un mètre cube par seconde. Cette eau claire, naturellement filtrée, sera prise à une altitude suffisante, et arrivera par une pente naturelle sur les hauteurs de Toulouse et de ses environs.

Le même travail comprendra une double conduite et procurera en même temps, sur les hauteurs avoisinantes, plusieurs mètres cubes d'eau trouble par seconde, fournissant abondamment des eaux fertilisantes à l'agriculture et des forces motrices à l'industrie.

La réalisation de ce projet, par la grande échelle sur laquelle il sera établi, enrichira la ville de Toulouse au lieu de l'appauvrir, et assurera sa prospérité.

En ce qui concerne le présent, on peut — ainsi que je l'expliquerai tout à l'heure — on peut, dans un bref délai, et moyen-

nant une modique dépense, avoir de l'eau excellente et suffi-
samment abondante, en se bornant à améliorer et à compléter
les galeries que nous avons.

Les projets actuels de l'Administration consistent à aller chercher mille pouces d'eau claire, soit du côté de Portet, à 10 kilomètres de Toulouse, soit au ramier du moulin du Château. Leur
accomplissement exigerait beaucoup de dépenses et de temps ; il
fournirait trop peu d'eau et nécessiterait l'emploi de machines.
L'un et l'autre de ces projets ne répondant ni aux exigences du
présent, ni aux besoins de l'avenir, doivent être, à mon sens,
irrévocablement abandonnés.

Laissons encore en réserve le grand et fructueux projet que
j'ai indiqué pour l'avenir, et occupons-nous des besoins immé-
diats, sans perdre de vue notre idéal.

Nos galeries filtrantes ne sont pas si malades, qu'il faille les
abandonner. Tout ce qu'on a dit au sujet de leur prétendu vice
radical est basé sur des erreurs. Les infiltrations qui alimentent
ces galeries sont d'une nature à peu près exclusivement fluviale,
et donnent une eau excellente. — On a pu en juger pendant plusieurs années. — La galerie Vivent, elle-même, celle qu'on a
le plus calomniée, contenait de la bonne eau et point de productions organisées, lorsqu'elle était encore ouverte et que l'eau
trouble ne l'avait pas colmatée.

Des causes incidentes ou accidentelles ont altéré la qualité de
l'eau et en ont amoindri la quantité. On peut aisément remédier au mal et placer les galeries filtrantes de Toulouse dans
des conditions, non-seulement aussi bonnes, mais encore **beaucoup meilleures**, à tous égards, que celles où elles étaient dans
le passé, alors que tout le monde en était satisfait.

J'ai d'abord proposé de couper, pour le moment, toute communication entre la galerie Vivent et la grande galerie, et de
nettoyer la grande galerie. Ce premier travail, que j'ai fait adop-

ter par la Commission des eaux, a été imparfaitement exécuté, et néanmoins il a donné un favorable résultat : l'eau a été **immédiatement** améliorée.

Cependant, l'eau n'est pas encore assez bonne, et elle est en outre trop peu abondante, celle de la galerie Vivent ne coulant plus.

J'ai proposé encore à la Commission des eaux les moyens suivants :

1° Aérer parfaitement les deux galeries, au lieu d'y confiner l'air, comme on le fait.

Ouvrir les regards serait déjà un progrès; produire d'une manière permanente un **grand courant d'air** dans les galeries serait beaucoup mieux, et j'en ai les moyens.

L'aération de la grande galerie et un nettoiement plus parfait de sa cuvette et de la conduite qui unit les deux châteaux-d'eau, rendraient l'eau beaucoup meilleure encore. Pour obtenir cette nouvelle amélioration, **quarante-huit heures suffiraient.**

2° Enlever sur le radier de la grande galerie l'épaisse couche de galets, entre lesquels croupissent des matières putrescentes. Une grande amélioration de l'eau et une augmentation considérable dans le rendement de la galerie résulteraient de ce travail.

3° Régulariser et rendre plus déclive le radier de la galerie Vivent.

4° Prolonger les deux galeries filtrantes vers le canal Vivent, au moyen de drains filtrants quelconques, et de manière à diminuer, au moins de moitié, les 60 mètres de conduite en fonte qui servent actuellement de jonction aux deux galeries et qui ne produisent point d'eau.

Disposer, enfin, cette conduite ou ces drains de jonction de manière à ce que l'eau de la galerie Vivent ait un écoulement convenable.

5° Draguer le lit de la rivière à côté de la prairie des Filtres.

6° Diriger vers l'aval l'embouchure du canal Vivent, afin d'éviter les remous et les atterrissements qu'il occasionne.

7° Prendre ensuite les dispositions nécessaires pour obvier **radicalement** aux inconvénients résultant des atterrissements partiels du bassin de la Daurade.

J'en donnerai tous les moyens en temps utile.

8° J'ai aussi proposé de convertir le canal Vivent, sur les deux tiers environ de sa longueur, en *rivière-filtrante*, c'est-à-dire de drainer ce canal de 1ᵐ,50 à 2 mètres au-dessous de son lit, et de verser sur le radier de la grande galerie le produit de tous ces drains.

Etc., etc.

Je n'ai pas besoin d'ajouter que toutes les conduites, en ville, doivent être **parfaitement** nettoyées, au moyen de chasses prolongées.

Les divers travaux relatifs à l'amélioration des galeries actuelles élèveraient de 4 à 500 pouces le rendement total de nos galeries, lequel n'est que de 260 pouces environ depuis l'accident. La dépense, tout compris, n'excèderait pas 50,000 fr.

De son côté, le drainage sous-fluvial du canal Vivent occasionnerait une dépense de 50,000 fr. et produirait, je pense, aisément 5 à 600 pouces d'eau, complétant les 1,000 pouces demandés.

Au résumé, tout pouvant marcher de front, l'accomplissement des travaux de toute nature que je propose, afin de remédier aux défectuosités ou à l'insuffisance de nos galeries, et **quadrupler** leur rendement, exigerait **deux mois, cent mille francs,** et ne priverait pas d'eau la ville **un seul jour.**

**50,000 fr.** et **moins de deux mois** suffiraient, si on voulait se borner à améliorer **complétement** les galeries filtrantes actuelles et à **doubler** environ leur produit.

Je crois avoir donné tous les moyens pratiques d'aboutir.

Mettons maintenant en parallèle les projets relatifs aux besoins du moment :

# POUR 1,000 POUCES D'EAU CLAIRE
## D'EXCELLENTE QUALITÉ

| PAR LES PROJETS DE L'ADMINISTRATION | PAR MON PROJET |
|---|---|
| Dépenses : plus d'un million de francs. | Dépenses : cent mille francs. |
| Délai : plus d'une année. | Délai : deux mois. |
| Aucune amélioration à attendre dans la qualité, ni la quantité de l'eau, avant l'expiration de cette longue période. | Notable amélioration déjà obtenue. Nouvelle amélioration à réaliser en 48 heures. Augmentation considérable du rendement dès le premier mois. |

# POUR 4 A 500 POUCES D'EAU CLAIRE
## D'EXCELLENTE QUALITÉ

| PAR LES PROJETS DE L'ADMINISTRATION | PAR MON PROJET |
|---|---|
| Dépenses : près d'un million de francs. | Dépenses : cinquante mille francs. |
| Délai : près d'une année. | Délai : moins de deux mois. |

Qu'on n'allègue pas que la somme qu'on devra me payer ensuite augmentera beaucoup la dépense à faire. Les ingénieurs, dans tous les cas, doivent être payés ; mais je déclare d'avance qu'en ce qui me concerne, je me contenterai de la récompense que la ville me votera, quelle qu'elle soit.

Si le Conseil municipal ne veut pas dépenser immédiatement ces 100,000 francs, je lui demande de vouloir bien en accorder 50,000, afin de mettre les galeries actuelles en parfait état, et leur faire produire, en moins de deux mois, de l'eau excellente et deux fois plus abondante.

Après avoir promptement et économiquement satisfait aux pressants besoins du présent, la ville de Toulouse, qui a eu la gloire d'appliquer la première le système des galeries filtrantes à l'alimentation des villes, donnera encore, sous ce rapport, l'exemple du progrès, en adoptant des moyens plus féconds, plus complets encore. Elle ne voudra ni déroger de la position qu'elle s'est faite, ni négliger ses plus grands intérêts. Si, comme je le crois, l'idée que je lui donne est la meilleure, elle se réalisera ; et nous verrons bientôt couler, sur les hauteurs de Toulouse, deux rivières également précieuses, dont l'une, limpide comme le cristal, détournera notre attention des galeries filtrantes actuelles, sans amoindrir le sentiment de gratitude que nous devons à leurs auteurs.

Toulouse, impr. de L. Hébrail, Durand et Delpuech, rue de la Pomme, 5.